Endres · 99 starke Lerntips

Die Reihe BELTZ Lern-Trainer wird herausgegeben von Wolfgang Endres

BELTZ Lern-Trainer

Wolfgang Endres

99 starke Lerntips

z.B. erlaubte Spickzettel

6.–10. Klasse

2. Auflage

Beltz Verlag · Weinheim und Basel

Über den Autor:

Wolfgang Endres, Jg. 1946, Pädagoge, Referent in der Lehrerfortbildung, leitet seit 1973 das Studienhaus St. Blasien.

Abbildungsnachweis

Anne Frank, Seite 25:	Copyright by ANNE FRANK-Fonds Basel, Switzerland
Mutter Theresa, Seite 25:	dpa, Deutsche Presse-Agentur GmbH

2. Auflage 1998
Lektorat: Ingeborg Strobel, Peter E. Kalb

Herstellung und Innenlayout: Ute Jöst, Publikations-Service, Birkenau
Satz: Satz- und Reprotechnik GmbH, Hemsbach
Druck: Druckhaus Beltz, Hemsbach
Reihenlayout des Umschlags: Zembsch' Werkstatt, München
Fotos: Christian Herr, St. Blasien
Umschlagabbildung und Zeichnungen: Michael Ryba, Lenzkirch
Grafische Elemente nach Entwürfen von Markus Olivieri
Printed in Germany

ISBN 3-407-38041-0

Inhaltsverzeichnis

Brief aus der Lernwerkstatt

Liebe Schülerin, lieber Schüler,

als ich vor vielen Jahren einmal gleich bei mehreren Schülern Spickzettel entdeckt habe, war ich ziemlich enttäuscht. Nicht, weil gespickt wurde. Das gehört zum Schulalltag. Nein, ich war enttäuscht darüber, wie hundsmiserabel diese Spickzettel waren. Lauter unnützes Zeug war da zu lesen, meinte ich jedenfalls. Da habe ich kurzentschlossen ein Plakat gemalt und ans Schwarze Brett gehängt:

Einladung zur Spickzettel AG
Wie sieht ein guter Spickzettel aus?
Nächsten Dienstag, 15.00 Uhr in der 7A

Ein paar Tage später haben wir dann gemeinsam überlegt, beraten und geschnipselt, bis jeder seinen eigenen brauchbaren Spickzettel hatte. Was dann damit geschah, findest du im Lerntip Nr. 79.

Das ist nur einer von 99 Lerntips, die du in diesem fröhlich-lockeren Lerntrainer findest. Auch du selbst sollst fröhlich-locker damit arbeiten können. Deshalb brauchst du die Lerntips auch nicht streng in einer festen Reihenfolge zu lesen.

Du kannst das Buch nach Lust und Laune aufschlagen und einen x-beliebigen Lerntip herauspicken. Nachdem du ihn gelesen hast, (also bevor du dir den nächsten Tip zu Gemüte führst), gibst du ihm eine Note:

1 = superstark
2 = voll okay
3 = ganz brauchbar
4 = Na ja, so là là
5 = kaum brauchbar
6 = kannst du vergessen

Deine Bewertung trägst du auf Seite 98 hinter der betreffenden Nummer des Lerntips ein. So entsteht deine ganz persönliche Hitliste.

Wenn du dich in diesem Stil durch das Buch geackert hast, nimmst du dir die besten Lerntips nochmals etwas gründlicher vor. (Du hast hoffentlich nicht nur die Noten 5 und 6 vergeben müssen...)

Die Tips, denen du die Noten 1 und 2 gegeben hast, mögen dazu beitragen, daß du für deine Arbeiten in der Schule ähnliche Noten bekommst. Am wichtigsten aber ist, daß du (wieder) mit Spaß ans Werk gehst.

Das wünscht dir ganz herzlich

Wolfgang Endres

Mittel gegen Hausaufgabenärger und verschiedene Lernprobleme

1 Wirf den Ärger in die Ecke
2 Sich den Frust von der Seele schreiben
3 Ein Blick durch die eigene »Lernbrille«
4 Spaß am Lernen – Was ist das?
5 Erinnerst du dich noch an dich?
6 Sag dir, wo die Stärken sind…
7 Jeder Vergleich hinkt.
8 Probleme offen klären
9 Das richtige Knackwerkzeug
10 Punkte, Noten und Zensuren
11 Selbstgemachte Erfolgsaussichten
12 Wer begeistert ist, hat was im Köpfchen
13 Selbstbewußtsein ist gesund
14 Sich gezielte Ziele setzen
15 Der Lernvertrag
16 Mit Vorstellungskraft das Lernziel erreichen
17 Kenner und Könner haben Geschmack
18 Wo sich das Nachahmen lohnt
19 Vom Motto zur Motivation

1

Wirf den Ärger in die Ecke

Worüber hast du dich heute in der Schule wahnsinnig geärgert? Das schreibst du als Stichwort auf ein kleines Zettelchen. Jetzt nimmst du diesen »Ärger-Zettel« in die Hand und ballst sie ganz fest zur Faust.

Dann zerknüllst du das Zettelchen zu einem winzigen Ärger-Kügelchen. Dabei denkst du sehr konkret an deinen Ärger und spürst, wie du ihn regelrecht zu Mus zerdrückst. Nun wirfst du deinen Ärger (Zettel) in hohem Bogen in die Ecke.

2

Sich den Frust von der Seele schreiben

Wenn du Ärger hast, enttäuscht oder traurig bist, schreibe dir deinen Frust von der Seele. Dein Tagebuch ist dafür eine phantastische Adresse. Wenn du ganz sicher sein willst, daß kein Unbefugter deinen Frustbrief liest, benutze eine Geheimschrift. Du wirst sehen, daß dir schon beim Niederschreiben ein Licht aufgeht und du die Dinge hinterher viel klarer siehst.

Eine andere Idee: Suche Kontakt über eine Brieffreundschaft. Es ist ein tolles Gefühl, ganz private Gedanken mit einem Menschen auszutauschen, den man gar nicht persönlich kennt. Da schreibt sich manches sehr viel leichter.

Und wenn deine Brieffreundin oder dein Brieffreund in England, Frankreich, Kanada oder Australien wohnt, kommt noch ein Training in der Fremdsprache hinzu. Wie du an eine Adresse kommst, können dir deine Englisch- oder Französischlehrer und -lehrerinnen sicher sagen.

3

Ein Blick durch die eigene »Lernbrille«

Suche dir eine der folgenden Fragen aus und gib dir selbst eine ehrliche Antwort darauf:

1. Welches sind meine persönlichen Gründe für das Lernen?

   ✎ ....

   ....

2. Mit welchen Themen/Fächern befasse ich mich gern? (Woran liegt das?)

   ✎ ....

   ....

3. Was lerne ich überhaupt nicht gern? (Warum?)

   ✎ ....

   ....

4. Wodurch kann ich mir das Lernen erleichtern?

   ✎ ....

   ....

5. Zu welcher Tageszeit lerne ich am liebsten?

   ✎ ....

   ....

6. Rede ich mit anderen über meine Lernprobleme?

   ✎ ....

   ....

Betrachte dich durch deine eigene Lernbrille und du wirst so manche neue Lernidee entdecken.

Spaß am Lernen – was ist das? 4

Wann hast du mal so richtig gern gelernt? Wo war das? Was war das Thema? Wann genau war das, wie alt warst du? Wer war sonst noch dabei?

Führe dir die Situation wieder vor Augen - in allen Einzelheiten. Du darfst ruhig ein bißchen ins Schwärmen geraten.

Was kannst du tun, um so was wieder zu erleben? Stelle es dir ruhig in schillernden Farben vor.

Wenn du behauptest, Lernen habe dir noch nie Spaß gemacht, hast du nicht lange genug nachgedacht.

Erinnerst du dich noch an dich? 5

Blättere einmal in deinem Fotoalbum oder krame in der Fotokiste. Suche dir ein Bild von früher und lege es neben ein neueres von dir. Was fällt dir alles auf? Wie hast du dich verändert? Lernen heißt auch: Sich verändern.

Erinnere dich an die Zeit, die zwischen diesen beiden Bildern liegt. Was hast du inzwischen dazugelernt? (»Dumm geboren und nix dazugelernt!« ist eine scheinbar witzig gemeinte Beschimpfung, die aber auf keinen Menschen zutrifft.)

Was würdest du heute anders machen, wenn du die Zeit an die Stelle zurückdrehen könntest, als das ältere Foto gemacht wurde? Kannst du für die nächste Zeit etwas daraus ableiten?

6 Sag dir, wo die Stärken sind ...

Orientiere dich an dem, was du kannst. Halte dir nicht als erstes vor Augen, was du nicht kannst. Suche in einem fremdsprachigen Text zuerst die Wörter, die du verstehst.

Bevor du dich deinen Schwachstellen widmest, betreibe erst einmal eine Stärkenanalyse. Gib nicht auf, bis du etwas gefunden hast, womit du zufrieden sein kannst.

7 Jeder Vergleich hinkt

Denke nicht immer daran, was die anderen von dir halten. Das blockiert nur – und die meisten denken sowieso nur an sich selber. Hab' Courage zur Blamage. Wenn's danebengeht, versuch es halt noch einmal. Niemand hat immer nur Pech.

Vergleiche dich nicht ständig mit den anderen. Überschätze die Erfolgreichen nicht. Du kannst manches, was sie vielleicht nicht können.

Vergleiche hinken. Doch ein Vergleich lohnt sich fast immer, der Vergleich mit sich selbst: Wie habe ich das gestern, letzte Woche oder vor zwei Monaten gemacht? Gelingt es mir heute genauso gut oder schlecht – besser oder schlechter?

Probleme offen klären

8

Wenn dich ein Problem bedrückt, gehe mal zu dir selbst in die Sprechstunde. Was würdest du jemandem raten, der mit genau diesem Problem zu dir käme? Was würdest du deiner Freundin oder deinem Freund raten, wenn sie dir ein Problem schildern, an dem du jetzt gerade zu knabbern hast?

Oder stell dir vor, du sitzt bei einer Jugendzeitschrift in der »Kummerkasten-Redaktion« und bekommst eines Tages einen Brief, in dem dein Problem beschrieben wird. Was schlägst du als Lösung vor?

Betrachte dich und dein Problem von außen. Geh in Gedanken neben dir her oder setz dich neben dich. Betrachte dich, als wärest du ein anderer. So bekommst du automatisch etwas Abstand zu dir und deinem Problem, du wirst nicht so einfach von ihm erdrückt.

Du siehst, daß du ein Problem hast, aber deswegen bist nicht du selbst der Problemfall. Beschreibe dein Problem möglichst genau, ohne dich selbst dabei zu beschimpfen. Je offener du das Problem angehst, desto höher ist die Chance, daß du es klären kannst.

Frage dich als nächstes, welche Fähigkeit du brauchst, um dein Problem zu lösen. Erinnere dich an eine Situation, in der du genau diese Fähigkeit schon einmal eingesetzt hast. Was hast du damals gemacht, gedacht, gefühlt?

Besonders wichtig: Versuche ab sofort, keine Fehler mehr zu vertuschen. Wenn dir etwas mißlingt, schiebe die Schuld nicht sofort auf andere. Wer Fehler zugeben kann, zeigt nicht Schwäche, sondern beweist Stärke.

9 Das richtige Knackwerkzeug

Hast du schon mal einen Füller, Kuli oder Zirkel von deinem eigenen Geld gekauft? Das wirklich eigene Handwerkszeug (selbst ausgesucht und selbst bezahlt) ist fast immer das richtige. So machst du das Lernen zu deiner eigenen Sache.

10

Punkte, Noten und Zensuren

Mit der Note bewertet die Lehrerin, der Lehrer nicht dich, sondern einen kleinen Teil deiner Leistung – in einem bestimmten Stoff in einem bestimmten Augenblick.

Eine Fünf oder Sechs in der Mathearbeit heißt nicht: Du bist schlecht. Die Note sagt nur: Diese Textaufgabe hast du nicht verstanden und diese Formel hast du nicht gewußt oder verwechselt.

Lerne aus gemachten Fehlern für die nächste Arbeit. Nutze die Berichtigung als neue Trainingsmöglichkeit. Frage dich, was du tun mußt, damit es beim nächsten Mal besser klappt.

Kannst du den Noten auch was Positives abgewinnen? Helfen sie dir manchmal auch, mit dem Lernen konkret anzufangen? Und wenn es gut gelaufen ist, sind sie nicht auch eine verdiente Belohnung, über die du dich freuen kannst?

Übrigens:

Vergiß das »Feiern« nicht, wenn du ein gutes Ergebnis erzielt hast. (Vor allem, wenn du hart dafür gearbeitet hast!)

11 Selbstgemachte Erfolgsaussichten

Was für den Motor der Treibstoff ist, sind für die Motivation die Erfolgserlebnisse. Darum ist es wichtig, sich seinen Erfolg vor Augen zu halten. Manchmal genügt ein einfacher Notizzettel. Auf diesen schreibst du, zum Beispiel, den positiven Kommentar deines Mathe- oder Englischlehrers, der vielleicht zu dir gesagt hat: »Großartig, Konstantin, weiter so!« Oder du notierst ein Kompliment, wie Julia es zu hören bekam. Ein solcher Notizzettel über deinem Schreibtisch kann eine erstaunliche Ausstrahlungskraft haben.

12

Wer begeistert ist, hat was im Köpfchen

Erfolgreiche Menschen erkennt man daran, daß sie sich für eine Sache so richtig begeistern können. Wenn du Erfolg in einem bestimmten Unterrichtsfach haben willst, mußt du dieses Fach erst einmal interessant finden.

Du hast es in der Hand, ob und wie etwas interessant oder sogar spannend wird. Nimm dir einmal ein Fach vor, mit dem du auf Kriegsfuß stehst und erkläre es ab sofort zu deinem Lieblingsfach. Stelle dieses Fach für die nächste Zeit richtig in den Mittelpunkt deines Lernalltags. Du machst keinen großen Bogen mehr um dieses Fach, sondern willst ab jetzt einfach mehr darüber wissen:

- Du überlegst dir Fragen, die du im Unterricht stellen könntest.
- Du suchst nach zusätzlichen Informationen, die nicht im Schulbuch stehen.
- Du stöberst zum Beispiel in einer Zeitschrift oder befragst jemanden am Telefon.
- Du gehst in die Schulbücherei und fragst nach einem Buch zu diesem Thema.
- Du willst es von jetzt an einfach wissen!

Nimm dir zusätzlich Zeit für dieses Fach, am besten eine ganz ungewöhnliche Zeit, zum Beispiel abends vor dem Einschlafen oder frühmorgens kurz nach dem Aufstehen. Oder du legst dir das entsprechende Buch unters Kopfkissen.

Schließlich träumst du davon, daß dieses Fach dein Lieblingsfach geworden ist.

13

Selbstbewußtsein ist gesund

Mit einem gesunden Selbstbewußtsein kommst du mit dir und anderen und mit der Schule besser zurecht. Nimm dir einmal eine Woche lang für jeden Tag ein »Charakterpäckchen« vor:

Montag: Ich bin offen und ehrlich. Ich habe keine Angst, mich zu zeigen, wie ich bin.

Dienstag: Ich bin kontaktbereit, gehe auf andere zu, spreche sie an oder frage sie etwas. (Ohne daß ich mich aufdränge.)

Mittwoch: Ich gebe nicht sofort auf, wenn ich einen Mißerfolg einstecken muß. Ich bin bereit, aus einem Fehler zu lernen.

Donnerstag: Ich gönne anderen ihren Erfolg und habe keine Hemmungen, ihnen dafür ein Kompliment zu machen.

Freitag: Ich melde mich freiwillig und übernehme eine Aufgabe.

Samstag: Ich entscheide mich (z.B. für eine bestimmte Fernsehsendung) und bleibe bei der getroffenen Entscheidung.

Sonntag: Ich kann berechtigte Kritik vertragen und spiele nicht die »beleidigte Leberwurst«.

Sich gezielte Ziele setzen

14

Beantworte die folgenden Fragen ehrlich vor dir selbst:

- Was will ich im Blick auf die nächsten Jahre erreichen?
  (Schulabschluß, Berufslaufbahn)
- Was will ich im nächsten Jahr erreichen?
  (In bestimmten Fächern)
- Was will ich im nächsten Halbjahr erreichen?
  (In einem ganz bestimmten Fach)
- Was will ich im nächsten Monat erreichen?
  (Im Blick auf eine Klassenarbeit)
- Was will ich nächste Woche erreichen?
  (Plan für Wiederholungslernen)
- Was will ich in den nächsten drei Tagen erreichen?
  (Hausaufgabenplan)
- Was will ich morgen erreichen?
  (In einer bestimmten Unterrichtsstunde?)

Je klarer du ein Ziel vor Augen hast, um so eher kannst und wirst du es erreichen.

15 Der Lernvertrag

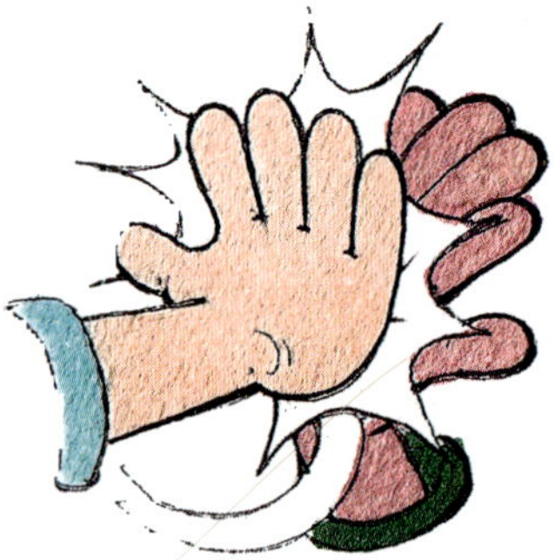

Gute Vorsätze sind zwar gut gemeint, führen aber meist nicht zum gewünschten Ziel. Da ist ein Lernvertrag schon wirkungsvoller. Hierbei sind folgende Punkte zu beachten:

1. Vorsätze nur in der Ich-Form schreiben.
2. Klare Aussagen formulieren. (Ich werde ... oder: Ich bearbeite ...)
3. Bei jeder Aussage überprüfen, ob das gesteckte Ziel realistisch ist.
4. Höchstens zwei Vorsätze auf einmal.
5. Einen Zeitraum für die »Vertragsdauer« festlegen.
6. Zum Schluß: Ort, Datum, Unterschrift.

Hier ein Mustervertrag als Beispiel:

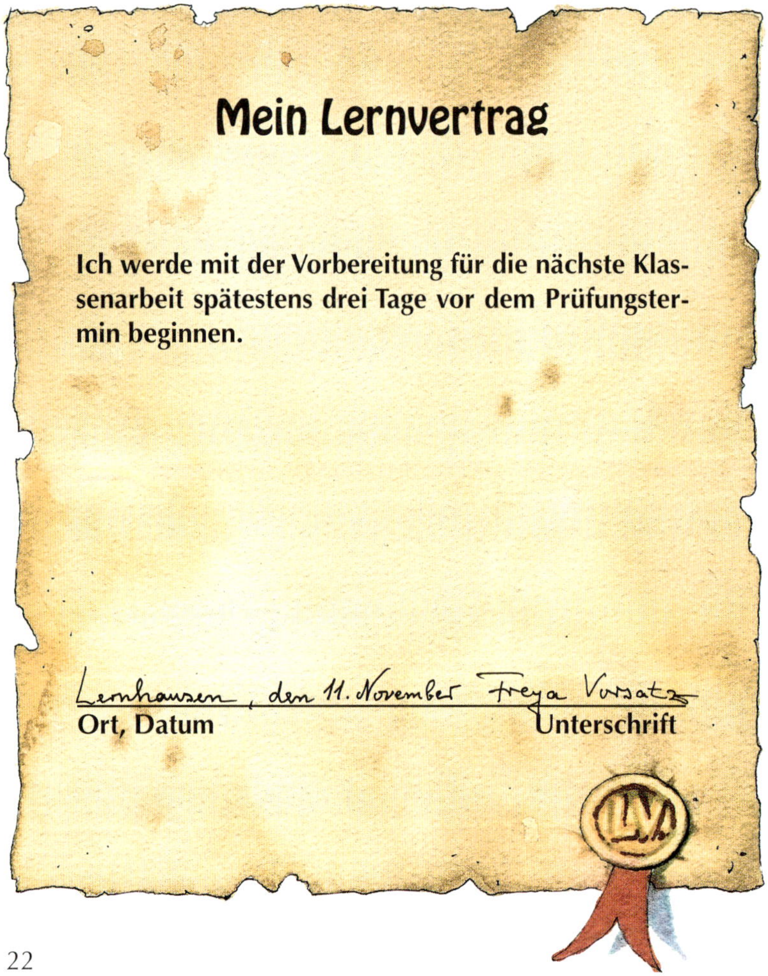

Mein Lernvertrag

Ich werde mit der Vorbereitung für die nächste Klassenarbeit spätestens drei Tage vor dem Prüfungstermin beginnen.

Lernhausen, den 11. November Freya Vorsatz

Ort, Datum **Unterschrift**

16

Mit Vorstellungskraft das Lernziel erreichen

Du mußt nicht die oder der Beste sein. Es genügt, wenn du dein Bestes gibst.

Dein Ziel muß wirklich deinen inneren Wünschen entsprechen. Du mußt selbst davon überzeugt sein, daß du dieses Ziel erreichen willst.

Dein Ziel muß dir persönlich wichtig sein. Wenn dir das Ziel etwas wert ist, wirst du auch bereit sein, Anstrengung auf dich zu nehmen.

Du stellst dir ganz genau vor, was du machst, um dein Ziel zu erreichen. Zum Schluß dieser Vorstellung hängst du noch eine kleine »Phantasieübung« an. Du klopfst dir mit der rechten Hand auf die linke Schulter und sagst mit stolz geschwellter Brust zu dir: »Das hast du sauber hingekriegt!«

Kommst du dir schon beim Lesen ziemlich komisch vor? Dann hilft dir vielleicht der Hinweis, daß Spitzensportler ganz ähnliche Übungen machen. Allerdings heißen sie dort »Mentales Training«.

17

Kenner und Könner haben Geschmack

Beweise deinen guten Geschmack.

- Gestalte deinen Arbeitsplatz so, daß du dort auch gerne lernst.
- Sei anspruchsvoll! Begnüge dich nicht mit Geschmiere.
- Lege Wert auf saubere Heftführung.
- Benutze zum Durchstreichen ein Lineal.
- Durch die äußere Form kannst du Punkte sammeln.
- Zeige Niveau. Lies mal ein »schlaues« Buch oder hör mal ein paar Takte »anstrengende« Musik.

Mein persönlicher Geschmack:

- ....
- ....
- ....
- ....
- ....
- ....

18

Wo sich das Nachahmen lohnt

Suche dir ein Vorbild, dem du gern nacheifern willst. Sammle möglichst viele Informationen über diesen Menschen. Lies in seiner Biographie und suche dir Lebenssituationen heraus, die dich beeindrucken. Wo und wie willst du dich an diesem Vorbild orientieren?

Wenn du der Frage nachgehst, wie dein Vorbild schwierige Situationen gemeistert hat und wie es mit eigenen Niederlagen zu kämpfen hatte, wirst du bald herausfinden, wo sich das Nachahmen besonders lohnt.

Wer ist für dich ein gutes Vorbild oder könnte eines werden?

Anne Frank

Mutter Theresa

19

Vom Motto zur Motivation

Bring Farbe, deine persönliche Lieblingsfarbe, in den grauen Schulalltag. Suche dir einen guten Spruch oder ein tolles Gedicht als Motto. Schneide es aus oder schreibe es ab und benutze es als Lesezeichen oder hänge es als Miniposter über deinen Schreibtisch.

Bringt dich eines der folgenden Beispiele auf den Geschmack?

Take it easy – but take it.

Siehst du einen Riesen, so achte auf den Stand der Sonne, ob es nicht der Schatten eines Zwerges ist. (Novalis)

Use the talents you possess; for the woods would be very silent if no birds sang except the best. (Carolyn Coats)

Ein Zeuge
Wer den Mut hat
zu sagen
daß er nicht mehr
den Mut hat
zu sagen
was er sagen will
der hat
vielleicht
noch den Mut
es zu sagen
(Erich Fried)

Tips für eine tolle Lernstimmung und volle Konzentration

20

Ein paar Gedanken zur Einstimmung

E – A – d – g – h – e': Das ist die Stimmung der Saiten einer Gitarre.

Eine Gitarre muß, wie jedes Instrument, erst gestimmt werden, bevor man darauf spielt. Beim Lernen ist das nicht viel anders. Wie du für die richtige Lernstimmung sorgst, kannst du an der »Gitarren-Formel« ablesen:

E wie Entspannen: Bevor du dich an den Schreibtisch setzt, machst du drei oder vier Kniebeugen, ein paar Lockerungsübungen mit dem Oberkörper und den Armen, atmest ein paarmal tief ein und aus.

A wie Aufräumen: Jetzt räumst du deinen Arbeitsplatz auf und legst alles, was dich von der Arbeit ablenken könnte, beiseite.

d bedeutet »denke positiv!«: Du setzt dich an den Schreibtisch und sagst dir Sätze wie: »Ich werde meine Aufgaben zügig erledigen« oder »Heute komme ich sehr gut alleine klar!«

g heißt »gern gelernt«: Erinnere dich, wo und wann dir das Lernen richtig Spaß gemacht hat. Denke ganz fest an dieses angenehme Erlebnis.

h steht für »halbe Portionen«: Lege dir einen Plan zurecht, in welcher Reihenfolge du die Aufgaben erledigen willst. Teile alles in kleine Portionen ein und entscheide dich, mit welcher »halben Portion« du anfangen willst.

e' erinnert dich an »erfrischend«: Du weißt von Anfang an, daß du nicht alles an einem Stück erledigen mußt. Nimm dir ein Teilziel vor und plane schon mal ein »erfrischendes Päuschen« ein, wenn du dieses erreicht hast.

Eine Runde »Motzivation«: Hausaufgabenbeschimpfung

21

Wenn es dir völlig an der nötigen Motivation fehlt, wenn dir die Hausaufgaben regelrecht zuwider sind, hilft vielleicht eine Runde »Motzivation«:

Baue etwas vor dir auf und betrachte es als dein Hausaufgabenpaket. Dieses beschimpfst du nun nach Strich und Faden. Dabei darfst du nicht nur, sondern mußt du geradezu maßlos übertreiben.

Wenn du wirklich richtig übertreibst, kommst du schon bald an einen Punkt, wo dir dein Motzgewitter total lächerlich vorkommt. Erst dann hörst du auf: »Jetzt halt aber mal die Luft an!« Du holst tief Luft und überlegst, wie schlimm es tatsächlich ist.

22

Siegertypen mögen Knackiges

Frisches Obst und knackige Salate sind nicht nur kerngesund, sondern heben auch die Stimmung. Wenn es dich immer nur nach Süßigkeiten oder Chips gelüstet, befaßt du dich zu sehr mit ungesunden Stoffen. Siegertypen achten mehr auf ausgewogene Ernährung.

Wenn du deine Eßgewohnheiten positiv veränderst, hast du auch in anderen Bereichen mehr Erfolg.

23

... und achten auf ihre Körperhaltung

In vielen Sportarten kommt es auf die ideale Körperhaltung an. Wenn du gern erfolgreich sein willst, achte auf deine Haltung – auch beim Lernen. Stelle dir in deiner Phantasie vor, wie du aussiehst, wie du gehst und stehst oder wie du sitzt, wenn dir alles gut gelingt, wenn du gut drauf bist. Welche Körperhaltung hast du dann?

Nimm genau diese Haltung bewußt eine Minute lang ein. Bewege dich mit dem Gefühl, daß du alles richtig machst.

24

Die Stop-Methode

Immer, wenn du merkst, daß deine Gedanken spazierengehen, kannst du die Stop-Methode anwenden. Kommt dir zum Beispiel nachmittags mitten in den Hausaufgaben irgendein Ärger vom Vormittag in den Sinn, kannst du mit einem bewußten »Stop!« gegensteuern.

Damit du das Problem auch nicht »vergißt« notierst du ein passendes Stichwort auf ein Zettelchen und legst dieses in deine »Problembox«. (Das ist einfach ein beliebiger Behälter oder eine bestimmte Stelle in deinem Zimmer.)

So rückst du für eine Zeitlang das Problem, das dich ablenkt, aus deinem Blickfeld. Später greifst du es (das Zettelchen) wieder auf und denkst über eine mögliche Lösung nach.

25

... oder Träumen

Alle großen Leistungen, die die Menschheit vollbracht hat, entstammen zunächst der menschlichen Phantasie. Deshalb ist es völlig in Ordnung, hin und wieder mit seinen Gedanken nachzuspüren, seine Phantasie spielen zu lassen, einfach zu träumen.

Denke zum Beispiel an den berühmt gewordenen Traum von Martin Luther King:

»Ich habe einen Traum,
daß eines Tages die Söhne der ehemaligen Sklaven und die Söhne der Sklavenhalter in der Lage sein werden, sich zusammen an den Tisch der Brüderlichkeit zu setzen.
Ich habe einen Traum,
daß meine vier kleinen Kinder eines Tages in einer Nation leben werden, wo man sie nicht nach ihrer Hautfarbe, sondern nach ihrem Charakter beurteilen wird.«

Wichtig: Nach dem Träumen machst du dir Gedanken darüber, was du für die Verwirklichung dieser Träume tun kannst.

Genießer können abschalten ...

26

Es gibt Menschen, die können nicht aufhören; die essen, bis ihnen schlecht wird; die drehen ihre Musikanlage auf, bis sie taub werden; die gucken Fernsehen und Videos, bis ihnen die Augen flimmern. Dabei bringen sie sich um den eigentlichen Genuß. Echte Genießer bevorzugen ausgewählte Sachen und genießen sie in kleinen Portionen. Und siehe da, sie haben mehr davon.

Bist du ein echter Genießer? Oder möchtest du einer werden? Dann nimm dir als Training mal das Fernsehprogramm vor und suche dir eine Sendung aus, für die du dich wirklich interessierst. Entscheide dich nochmals ausdrücklich für diese eine Sendung. Dann wettest du mit dir selbst, daß du es schaffst, nach dem Abspann dieser Sendung den Fernseher auszuschalten.

Wenn du die Wette gewonnen hast, wirst du feststellen, daß dieser komische Fernsehtip ein echter Lerntip ist.

... oder durchhalten

27

Willst du dich testen, ob du es durchhältst, fünf Minuten lang voll und ganz bei einer Sache zu bleiben? Für diesen »Test« benötigst du eine Uhr mit Sekundenzeiger. Nimm diese in die Hand und setze dich irgendwo in Ruhe hin und schau nur auf diese Uhr. Konzentriere dich nur auf die Bewegung des Sekundenzeigers. Achte fünf Minuten lang nur auf die Bewegung des Sekundenzeigers, als ob es im Moment nichts Wichtigeres auf der Welt gäbe. Wenn dir mittendrin etwas anderes in den Sinn kommt, beginnst du wieder von vorn.

28

Die 120-Sekunden-Übung

Bist du leicht abzulenken? Möchtest du das gerne ändern? Dann hilft dir bestimmt ein Ausdauertraining der besonderen Art: Lege eine Uhr mit Sekundenzeiger direkt vor den Fernseher, während ein (möglichst spannender) Film läuft. Versuche, genau zwei Minuten lang nur auf die Bewegungen des Sekundenzeigers zu achten. Erlaube dem Fernseher nicht, daß er deine Aufmerksamkeit fesselt und dich von der Uhr ablenkt.

Wenn du das geschafft hast, kannst du es mit Stufe 2 versuchen: Richte deine Aufmerksamkeit halb auf die Bewegung des Zeigers und halb auf diese Zahlenreihe. Sage im Geiste immer wieder die Zahlen 2, 4, 6, 8, 10, 8, 6, 4, 2, 4, 6, 8, 10, 8, 6, 4 usw. rauf und runter und behalte beide Dinge im Kopf. Sobald du merkst, daß du den Faden verloren hast, fängst du wieder von vorne an...

Bestimme selbst, wie du deine Zeit nutzen willst.

Konzentrationsübung: Mit Kopf und Hand ... 29

Setz dich entspannt an deinen Schreibtisch und reibe deine Handinnenflächen aneinander, bis sie richtig warm sind. Stell dir dabei vor, du formst eine Kugel aus weichem Ton.

Leg nun die Hände mit der warmen Innenseite auf deine geschlossenen Augen. Genieße die entspannende Wärme, die von den Händen auf die Augen übergeht.

Nach ungefähr einer Minute läßt du die Hände sinken und öffnest ganz langsam deine Augen, atmest tief durch und sagst einfach leise: »Schööön!«

... und sanftem Druck 30

Nun legst du deine Hände auf den Kopf, faßt mit den beiden Daumen an deine Schläfen und massierst mit den Fingerkuppen der anderen Finger systematisch deine Kopfhaut.

Du massierst mit sanftem, leichten Druck und spürst, wie deine Kopfhaut angenehm durchblutet wird. Du schließt die Augen und sagst immer wieder still zu dir: »So kann ich mich viel besser konzentrieren!«

31

Voll bei der Sache

Damit deine Gedanken, zum Beispiel in einem Aufsatz, nicht »von Hölzken auf Stöcksken« springen, schreibst du das Thema mitten auf ein Blatt, ziehst einen Kreis drumherum und erklärst dieses Gebilde zum Kern der Sache.

Die Stichpunkte deiner Stoffsammlung notierst du rund um diesen Kern. Bevor du einen neuen Gedanken notierst, schaust du wieder zum Mittelpunkt und fragst dich, ob dein neuer Gedanke noch zum Thema gehört.

So baust du allmählich ein Netzwerk auf und verlierst das Thema nicht aus dem Auge.

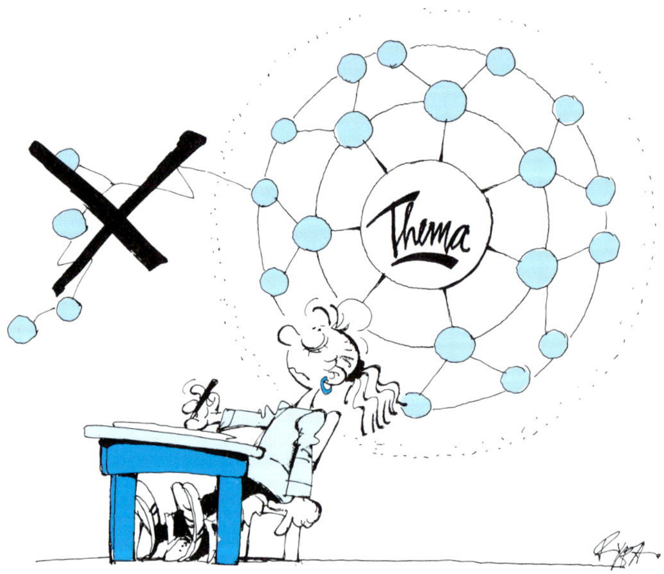

Hörtraining: Gespitzte Ohren 32

Suche dir eine Kassette oder CD aus und höre dir die Musik ganz bewußt an. Nach einer Weile konzentrierst du dich nur auf eines der Instrumente und verfolgst dieses durch das ganze Stück.

Drei bis fünf Minuten später drehst du die Lautstärke allmählich zurück. Stück für Stück, bis du die Musik kaum noch hören kannst.

Dann drehst du die Lautstärke komplett auf Null und hörst nur in die Stille hinein – eine ganze Minute lang...

Sehübung: Ungewohnte Perspektiven 33

Drehe aus einem Blatt Papier eine Art Fernrohr und lies einen Abschnitt im Schulbuch, indem du durch die Röhre guckst...

Oder nimm ein richtiges Fernglas zur Hand, stelle das Buch in einiger Entfernung vor dir auf und lies einen Abschnitt auf diese ziemlich umständliche Art. Laß dich mal überraschen, was ein anderer Blickwinkel alles zum Vorschein bringt. (Mr. Keating, der berühmte Lehrer in dem Film »Club der toten Dichter« hat das so formuliert: »Gerade wenn man glaubt, etwas zu wissen, ist es so wichtig, es aus einer anderen Perspektive zu betrachten – selbst wenn es einem albern vorkommt oder unnötig erscheint!«)

34

Entscheidungstraining: Bei einer Sache bleiben

Wer sich nur schwer entscheiden kann oder seine getroffenen Entscheidungen immer wieder ändert, macht es sich oft unnötig schwer. Wer bei einer Sache bleibt, selbst wenn sie unangenehm wird, ist trotzdem besser dran und hat weniger Streß. Wie das zu verstehen ist, erzählt dir diese Geschichte aus dem Orient:

Ein Mann stand wegen Bestechung vor dem Richter. Alles sprach für seine Schuld, und so blieb dem Richter nur mehr, das Urteil zu sprechen ... Er bot dem Angeklagten drei Möglichkeiten, aus denen er seine Strafe wählen konnte. Der Angeklagte sollte entweder hundert Tuman zahlen oder fünfzig Stockhiebe erhalten oder aber fünf Kilo Zwiebeln essen.

»Das wird doch nicht schwer sein«, dachte der Verurteilte und biß schon in die erste Zwiebel. Nachdem er gerade dreiviertel Pfund Zwiebeln roh verspeist hatte, schüttelte ihn der Abscheu schon beim Anblick dieser Früchte des Feldes. Die Augen liefen ihm über, und ganze Tränenbäche stürzten seine Wangen herunter.

»Hohes Gericht«, heulte er, »erlaßt mir die Zwiebeln, ich will doch lieber die Schläge auf mich nehmen.« In Gedanken glaubte er listig sein Geld sparen zu können ...

Der Gerichtsdiener entkleidete ihn und legte ihn über die Bank. Schon der Anblick des kräftigen Gerichtsdieners und der biegsamen Rute ließ den Verurteilten zittern. Bei jedem Schlag auf den Rücken schrie er lauter, bis er beim zehnten Schlag endlich jammerte: »Hoher Ghazi, habe Erbarmen mit mir, erlaß mir die Schläge ... Laß mich lieber die hundert Tuman bezahlen!«

(Aus: »Der Kaufmann und der Papagei« von Nossrat Pereschkian)

35

Prioritäten setzen: Was ist wirklich wichtig?

Prioritäten setzen heißt: Gedanken ordnen und Aufgaben nach Wichtigkeit sortieren.

Ordne die folgenden kleinen Lerngedanken nach Wichtigkeit für dich. Zuerst suchst du den wichtigsten Tip heraus und gibst ihm die Nummer 1. Danach wählst du den unwichtigsten und verpaßt ihm die Nummer 7. Die nächsten Plätze vergibst du in der Reihenfolge 2 – 6 – 3 – 5 – 4. (Das erleichtert die Entscheidung beim Prioritätensetzen.)

- ❑ Bestimmte Aufgaben erledige ich gern mit einem Lernpartner.
- ❑ Meinen Arbeitsplatz und mein »Handwerkszeug« halte ich in Ordnung.
- ❑ Ich frage nach, wenn ich etwas nicht verstanden habe.
- ❑ Vokabeln wiederhole ich nach verschiedenen Methoden.
- ❑ Meine Notizzettel haben System.
- ❑ Zu Beginn der Hausaufgaben lege ich mir eine Reihenfolge zurecht.
- ❑ Nach getaner Arbeit belohne ich mich durch etwas Schönes.

36 Keine Energie verschwenden

Wenn du sehr angespannt schaffst, ist es besonders wichtig, immer wieder zwischendurch zu prüfen, ob alles okay ist. (Zum Beispiel bei längeren Matheaufgaben immer Zwischenergebnisse kontrollieren.)

Vorschläge für eine gute Lernplanung und Zeiteinteilung

37

Zeitprobleme lösen

Wie viele der folgenden Aussagen treffen auf deinen persönlichen Arbeitsstil zu?

- ❑ Ich kann am besten unter Zeitdruck arbeiten.
- ❑ Ich fühle mich sehr oft unter Zeitdruck.
- ❑ Ich komme oft zu spät.
- ❑ Ich suche oft unnötig lange nach irgendwelchen Sachen, weil ich zu wenig Ordnung halte.
- ❑ Ich mache oft nur »halbe Sachen«, lasse Angefangenes liegen.
- ❑ Ich nehme mir oft zuviel vor.
- ❑ Ich halte nicht viel von Zeitplanung; ich lasse die Dinge lieber auf mich zukommen.
- ❑ Ich schiebe Aufgaben oft vor mir her.

Kommst du auf drei oder mehr »Treffer«? Dann läßt du dich beim Lernen wahrscheinlich zu sehr von anderen bestimmen. Das solltest du dir nicht gefallen lassen. Die Einteilung deiner Zeit ist eine sehr persönliche Angelegenheit. Nimm sie deshalb selbst in die Hand. Bei welchem »Treffer« willst du ganz konkret ansetzen?

Nimm dir Zeit …

1

zum Lernen

2

zum Bewegen

3

zum Lesen

4

zum Nachdenken

5

zum Träumen

6

für deine Freunde

7

zum Essen

8

zum Musikhören

9

zum Nichtstun

10

zum Planen,

denn dann hast du auch Zeit
für die ersten neun Dinge …

39

Zeitreserven schaffen

Unverhofft kommt oft! Den Spruch kennst du wahrscheinlich zur Genüge. Du hast dir vielleicht zwei Stunden für die Vorbereitung einer Klassenarbeit vorgenommen. Du schiebst diese zwei Stunden bis zum Abend vor der Arbeit vor dir her. Endlich fängst du auf den letzten Drücker an und merkst schon nach kurzer Zeit, daß dir die Zeit nie und nimmer ausreicht. Kein Wunder, daß jetzt Hektik aufkommt, und du in Panik gerätst...

Für »Zeit-Chaoten« gibt es ein phantastisches Gegenmittel: Zeitreserven schaffen!

Erlaube dir mal für eine ganze Woche lang den Luxus, für alle Aufgaben doppelt so viel Zeit zu veranschlagen, wie du ursprünglich gedacht hast.

Am besten trägst du die Zeiten in einen Wochenplan:

Datum	Aufgabe	Geschätzter Zeitbedarf normal	doppelt	Tatsächlich benötigte Zeit
Dienstag	Mathe-Textaufgaben	30 Min.	60 Min.	40 Min.
	Englisch übersetzen	20 Min.	40 Min.	25 Min.
	Aufsatz	45 Min.	90 Min.	35 Min.

und so ähnlich weiter...

Genieße dann das wunderbar erholsame Gefühl, für alle Aufgaben mal so richtig Zeit zu haben. Und am Ende (siehe Aufsatz-Beispiel) kommst du sogar in kürzerer Zeit ans Ziel.

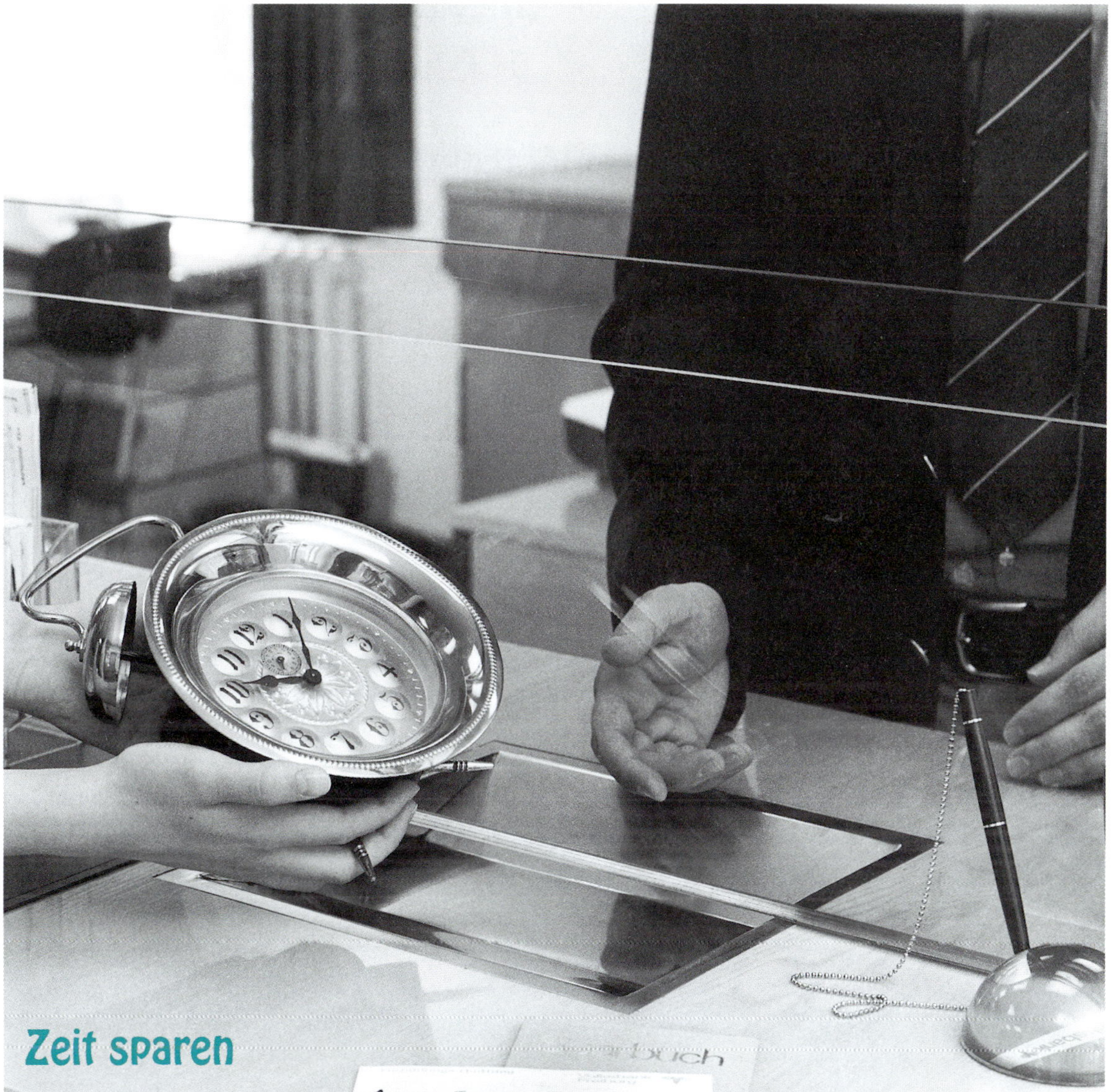

Zeit sparen

Zeit ist Geld.
Geld kann man sparen.
Zeit auch? – Wohl kaum.
Aber nutzen kannst du sie.
Frage dich mehrmals am Tag:
Nutze ich jetzt in diesem Augenblick meine Zeit am besten?

40

41

Zeitgefühl trainieren

Glaubst du, daß du in mancher Klassenarbeit besser abschneiden würdest, wenn du mehr Zeit zur Verfügung hättest? Gerätst du gegen Ende einer Arbeit in Panik und machst »richtig blöde« Fehler? Dann solltest du dein Zeitgefühl trainieren.

Nimm dir eine kurze, überschaubare Aufgabe vor und setze dir eine Zeit, in der du damit fertig sein möchtest. Stoppe dann die tatsächlich benötigte Zeit und vergleiche, wie gut du geschätzt hast.

Wenn du dein Zeitgefühl mal eben zwischendurch testen möchtest, schätze mal, in welcher Zeit du eine bestimmte Seite im Buch laut vorlesen kannst. Dann beginne zu lesen, während die Stoppuhr läuft.

So bekommst du einen guten Zeitbegriff und hast deine Zeit im Griff.

Zur Arbeitszeit gehören Pausen 42

Halte dich an diese Formel:

$$\textbf{Hausaufgabenzeit} = \frac{2}{3}\,\textbf{Arbeit} + \frac{1}{3}\,\textbf{Pause}$$

Wenn du in der Arbeitszeit wirklich schaffst, steht dir auch tatsächlich so viel Pausenzeit zu.

Pause mit Methode 43

»Aufhören, wenn es am schönsten ist!« Dieses uralte Motto kann sogar beim Lernen helfen. Bevor du bei den Hausaufgaben eine Pause machst, überlege dir kurz, mit welcher Aufgabe du nach der Pause weitermachen möchtest. Vielleicht legst du die entsprechenden Sachen schon mal zurecht. Suche dir dazu möglichst etwas »Schönes« aus – falls es bei Hausaufgaben überhaupt so etwas gibt...

Je besser dir das gelingt, um so leichter fällt es dir, auch wieder mit der Pause aufzuhören.

44 Das Punktesystem für die Hausaufgaben

Gib deinen Hausaufgaben Sternchen oder Punkte, wo immer du sie aufgeschrieben hast:

**** sehr wichtig und heute zu erledigen

*** nicht so wichtig – aber heute zu erledigen

** sehr wichtig – hat aber noch Zeit

* nicht so wichtig – und hat noch Zeit

kein Sternchen: mache ich überhaupt nicht – oder schreibe ich ab ...

45 Der Hausaufgabenplaner

Lege dir eine Reihenfolge zurecht, in der du deine Hausaufgaben erledigen willst.

Steht dir in einem Fach eine Klassenarbeit bevor, benutze für die Vorbereitung den

4-Tage-Plan:

Fach: .... Datum: ....

Zu erledigen am

4. Tag	3. Tag	2. Tag	letzten Tag vor der Arbeit

Witzige Lernexperimente und lustige Wegweiser zum Lernerfolg

46

Freie Wahl des Arbeitsplatzes

Die »Goldene Regel« für einen festen Arbeitsplatz heißt:

Gelernt wird nur am Arbeitsplatz,
am Arbeitsplatz wird nur gelernt!

Aber selbst bei goldenen Regeln gilt: Keine Regel ohne Ausnahme!

Deshalb überleg dir mal, wohin du hin und wieder mit deinem Buch und Heft marschieren könntest, um mal ganz woanders einen Teil deiner Hausaufgaben zu erledigen: Speicher, Keller oder Badezimmer? (Selbst auf der Toilette ist Auswendiglernen manchmal recht erfolgreich...)

In diesem Zusammenhang spricht man auch von Loci-Technik (Lateinisch locus = der Ort). Der Ort wird sozusagen mitgelernt und hilft dir hinterher, dich leichter zu erinnern: Wo war das noch mal, wo ich das gelernt habe?

Die passende Lernumgebung

Die Umgebung wird immer mitgelernt. Deshalb lohnt es sich, von Zeit zu Zeit einen besonders geeigneten Lernort aufzusuchen. Je mehr diese Umgebung mit deinem Lernstoff zu tun hat, um so besser.

Allein schon bei der Überlegung, wohin du mit deinem Biologie- oder Geschichtsbuch, mit deinem Mathe- oder Englischheft wandern könntest, stimmt dich ganz anders auf dieses Fach ein. Das ist zwar ein zeitraubendes Brimbamborium, aber genau das gibt dir vielleicht den nötigen Kick.

48 Die Lernrallye als Merksystem

Gehörst du auch zu denen, die beim Memoryspielen mit Erwachsenen haushoch gewinnen? Dann solltest du die Lernrallye in dein Programm aufnehmen. Dazu schreibst du Formeln, schwierige Wörter oder Einzelteile deines Spickzettels auf einzelne Zettel und verteilst diese dann in der Wohnung oder deinem Zimmer.

Anschließend gehst du auf deiner Lernrallye an all diese Stellen. Du liest den Text und bringst den Inhalt mit dem Ort in Verbindung. Die Redewendung »I can't accept your view« (Ich kann deine Ansicht nicht teilen) muß in deiner Vorstellung irgendetwas mit dem Kleiderschrank zu tun haben. Und wenn die Formel $A = \frac{a+c}{2} \cdot h$ an der Lampe baumelt, steigst du so oft auf den Stuhl, bis die Formel in deiner »Birne« sitzt.

49

Ein Aufsatz per Diktiergerät

Wenn du immer stillsitzen mußt, aber viel lieber in Bewegung bist, kannst du es mal mit einem philosophischen Spaziergang versuchen. Zum Beispiel auf der Suche nach Ideen für die Stoffsammlung eines Aufsatzes: Du gehst mit Stift und Notizblock (oder besser noch: mit Diktiergerät!) auf und ab. Dabei sprichst du deine Gedanken halblaut vor dich hin.

Statt vor dich hinzubrüten und deine Gedanken spazierengehen zu lassen, machst du dich selbst auf den Weg.

Wenn dir das zu viel Bewegung ist, konstruiere dir eine Art Stehpult, wo du eine Stoffsammlung versuchsweise mal im Stehen schreibst. (Viele berühmte Dichter haben fast nur am Stehpult geschrieben...)

50

Rhythmus als Lernhilfe

Wenn du irgendwelche Vokabeln nicht auseinander halten kannst oder bestimmte Grammatikformen immer wieder verwechselst, helfen dir selbstgemachte Merkverse weiter. Das können ziemlich plumpe oder doofe Verse sein – Hauptsache, es reimt sich.

Bist du zum Beispiel im Englischen beim Genitiv -s unsicher, wann das Häkchen vorne und wann es hinten steht (Monica's motorbike and the boys' trousers), sind das die richtigen Verse für dich:

Gehört etwas einem nur allein,
muß vor dem s das Häkchen sein.
(Monica's motorbike)

Gehört etwas zu zweien, dreien oder vieren,
muß Häkchen das s von hinten zieren.
(the boys' trousers)

Bei Namen, die auf s schon enden,
kann ich Regel 1 verwenden.
(James's pen)

Wenn einer mal zum Doktor geht,
im Englischen to the doctor's steht.

Solche Verse kannst du rhythmisch aufsagen und dabei übertrieben betonen. Du kannst sie trällern, singen oder den Takt dazu klopfen.

Mach dir aus einer trockenen Grammatikregel, aus einem Stichwortzettel für Erdkunde oder Geschichte einen fröhlichen Hickhack-Rap – frisch nach dem Motto: »Je primitiver, desto klappt's!«

Training mit Tafel und Kreide

51

Tausche deinen Notizblock und dein Schmierpapier mal mit Tafel und Kreide – oder versuche es mit Pflastermalerei.

Du siehst eine Rechenaufgabe plötzlich aus einer ganz anderen Perspektive, die Zeichen und Zahlen sind viel größer, du bewegst dich ganz anders dabei – und es macht mehr Spaß.

Du hast übrigens ein berühmtes Vorbild für diese Lernmethode: Albert Einstein hat auch für sich allein fast nur mit Kreide an der Tafel gerechnet.

52 Sprechübung für den Unterricht

Gut 80% des Unterrichts werden mündlich gestaltet. Wenn du hierbei aktiv mitarbeitest, hat das spürbare Auswirkungen aufs Schriftliche. Nicht nur, weil du den Stoff besser mitbekommst, sondern weil der Lehrer dann auch deine Klassenarbeiten anders anschaut. Er hat sozusagen ein positives »Vorurteil«.

Gib dir also einen Ruck, melde dich in jeder Stunde mindestens einmal und gib eine Antwort oder stelle eine Frage.

Stelle dich mit deinem Hausheft daheim vor einen Spiegel und lies z.B. deinen Aufsatz als Sprechübung laut vor. Sprich langsam und achte auf eine gute Betonung. Das erhöht den Wert deines Aufsatzes.

53 Ein altes Sprechergeheimnis

»Du sollst nicht so nuscheln!« Bekommst du das so oder ähnlich öfter zu hören? Dann kannst du mit einem uralten Mittel sehr wirkungsvoll etwas dagegen tun: Nimm einen Weinkorken zwischen die Zähne und lies einen Text oder ein Gedicht laut vor. Das sieht zwar komisch aus und hört sich ziemlich blöd an. Aber vielleicht überzeugt dich der Hinweis, daß diese Übung aus dem Ausbildungsprogramm von Nachrichtensprechern stammt...

54

Lernfortschritte machen

Fällt es dir schwer, beim Lernen stillzusitzen? Wenn du dich viel lieber bewegst, kannst du es mal mit einem »Lern-Spaziergang« versuchen. Du gehst mit deinen Vokabeln auf und ab oder liest ein paar Seiten im Geschichtsbuch.

Wenn du Gefallen an dieser Lernform gefunden hast, denke doch mal über die Möglichkeiten nach, deinen nächsten Aufsatz an einer Art Stehpult zu schreiben.

55

Fragen über Fragen

»Wer keine Fragen hat, hat nichts begriffen«, hat einmal ein enttäuschter Redner gesagt, als im Anschluß an seinen Vortrag niemand eine Frage gestellt hat. Wer sich darin übt, (gute) Fragen zu stellen, lernt immer mehr und immer besser.

Dieses Training beginnt damit, sich Gedanken zu machen, zum Beispiel über Fragen wie:

- Wie könnte ich bei einer Wiederholung den Stoff mal ganz anders lernen?
- Wann habe ich zum letzten Mal so richtig gern gelernt?
- Kann ich an meinem Arbeitsplatz gut lernen? (Wenn nein, warum nicht?)
- Was kann ich tun, damit ich heute mit mehr Spaß ans Lernen gehe?
- Was ist mir heute wichtig?

Welche dieser Fragen machst du jetzt zu deiner »Frage des Tages«?

56

Wie Profis mit dummen Fragen umgehen

Bist du schon mal wegen einer »dummen« Frage ausgelacht worden? Dann hattest du es höchstwahrscheinlich nicht mit Profis zu tun. Ein wirklicher Könner lacht andere nicht aus. Ein Profi hat es nämlich nicht nötig, andere auszulachen oder fertigzumachen. Nur Möchtegern-Profis tun gern so, als ob sie von der Sache mehr verstehen. Ein wirklich cooler Typ bleibt sogar dann cool, wenn mal jemand »saublöd daherfragt«.

Es ist ganz gut zu wissen, daß die, die sich am lautesten über andere lustig machen, selber arme Würstchen sind, die ihre Angst nur geschickt verstecken wollen.

57

Wer fragt, gewinnt

Eine Super-Vorbereitung für die nächste Unterrichtsstunde sind deine gesammelten Fragen. Frage dich: Welche Fragen könnte der Lehrer zu diesem Thema stellen? Findest du ein paar? Dann schreibe sie auf einen Spickzettel, vielleicht schon mit einer passenden Antwort. (Zur mündlichen Mitarbeit im Unterricht sind derartige Spickzettel meist erlaubt!)

Kommt keine deiner Fragen dran, könntest du sie ja selber stellen. Auf der Suche nach einer Antwort könntest du dich ebenfalls aktiv beteiligen.

Wer Fragen hat, denkt mit oder: Wer fragt, gewinnt!

Gardinenpredigt für Grammatik-Muffel

58

Hast du hin und wieder etwas Kompliziertes zu lernen, das du gar nicht richtig kapierst? Zum Beispiel eine verwirrend klingende Grammatikregel? Da kommt ein heißer Tip schon aus dem alten Rom: »Durch Lehren lernen wir!« (Seneca 4 v. Chr. – 65 n. Chr.)

Einem anderen etwas erklären heißt demnach, dadurch selbst zu lernen. Beim Erklären kann »der Groschen plötzlich fallen«. Wenn gerade niemand da ist, der dir als »Opfer« zuhören kann, hilft vielleicht dein Teddybär (mit seinen glasigen Augen) weiter. Du kannst aber auch einfach an die Wand reden oder eine Gardinenpredigt halten...

59

Typische Lehrerfragen

Viele Lehrerinnen und Lehrer benutzen beim Abfragen ein ganz bestimmtes Schema. Die einen fragen auffallend oft nach Daten, Zahlen oder Namen: »Wer – Was – Wann – Wo?« Sie hätten gern, daß du möglichst viel aufzählst oder Auswendiggelerntes aufsagst. Andere fragen öfter »Warum – Wieso – Weshalb?« Oder sie möchten wissen wie du über eine Sache denkst.

Wenn du das Schema kennst, das dein Lehrer bevorzugt, kannst du dich viel besser vorbereiten. Um diesem Schema auf die Spur zu kommen, wählst du zwei Fächer aus und trägst in eine Tabelle stichwortartig möglichst viele Fragen ein, die dein Lehrer im Unterricht stellt.

Fach: ....

Wer – Was – Wann – Wo – Wieviel?	Warum – Wieso – Weshalb?
(Abfragen von Wissen und Auswendiggelerntem)	(Fragen nach eigenen Überlegungen und Gedanken)

....

....

....

....

Wenn du deine Notizen von den beiden ausgewählten Fächern nach drei oder vier Unterrichtsstunden miteinander vergleichst, wirst du höchstwahrscheinlich die typischen Lehrerfragen entdecken. (Und der Lehrer entdeckt dein Interesse am Unterricht ...)

Lesen und Hören im Vergleichstest

60

Für diesen Mini-Test brauchst du einen Testpartner mit »Stoppuhr«. Erst dann solltest du weiterlesen.

Lesetest: Wie viele Sekunden brauchst du, um folgende Reihe von Buchstaben und Zahlen nur durch Lesen auswendigzulernen?

W A 3 H 7 K B T 5 E 4 S

Laß die benötigte Zeit von deinem Testpartner aufschreiben.

Minuten	Sekunden

Hörtest: Laß dir nun von deinem Testpartner folgende Zeile immer wieder langsam vorlesen, damit du die Kombination nur durch Hören lernst:

8 R Z G L 2 4 M A P 1 X

Sobald du glaubst, daß du diese Zeile kannst, sagst du »Stop!« Dein Testpartner notiert die Zeit, und du sagst die Kombination auswendig auf. Bei einem Fehler beginnt das Spiel von vorne. (Natürlich muß die Nachlern-Zeit dazugerechnet werden.)

Minuten	Sekunden

Wie fällt der Vergleich aus?
Auf welche Lernidee bringt dich dieser Mini-Test?

61

Schwierige Vokabeln verschwinden lassen

Nimm dir ein paar Vokabeln vor, die du schon x-mal wiederholt hast, die du aber immer wieder vergißt.
Schreibe jede einzeln auf ein kleines Kärtchen. Dann versteckst du sie der Reihe nach hinter dem Spiegel, unter der Matratze, im Kühlschrank oder zwischen deiner CD- oder Kassettensammlung.

Während du die einzelnen Kärtchen irgendwo verschwinden läßt, sprichst du die betreffende Vokabel deutlich aus und begründest sozusagen, warum du sie gerade an diesem Platz versteckst. So könntest du zum Beispiel sagen: »to get accustomed to – sich gewöhnen an. Dich verstecke ich im Kleiderschrank.«

Bevor du zum nächsten Versteck gehst, stellst du dir nochmals vor, wie das Wort oder die Redewendung geschrieben wird.

Ein paar Tage später machst du aus dem Versteckspiel ein Suchspiel. Findest du alle Kärtchen wieder? Weißt du noch, wie die Wörter darauf heißen? Laß dich mal überraschen!

62

Computer-Software als Lernhilfe

Nutze den Computer als Lerntrainer. Für alle Fächer gibt es inzwischen recht brauchbare Programme. Entsprechende Hinweise findest du in den Computer-Zeitschriften. Du kannst dir auch eine Liste mit der aktuellen Übersicht kostenlos zuschicken lassen, zum Beispiel von:

Cornelsen Verlagsgesellschaft,
Kammeratsheide 66,
33609 Bielefeld;

Heureka/Klett,
Postfach 106016,
70049 Stuttgart;

Schroedel Software-Service,
Hildesheimer Straße 202–206,
30519 Hannover.

Oder schreibe eine Karte mit dem Stichwort »Lerntrainer-Software bitte!« an das

Studienhaus St. Blasien,
Hans-Thoma-Weg 4,
79829 St. Blasien.

Oder schicke einfach ein Fax: 07672-2246.

63

Merksätze als Kartenspiel

Wenn du eine besonders gelungene englische Redewendung, einen Merksatz oder eine Grammatikregel gut speichern möchtest, schreibe die einzelnen Wörter des Satzes auf kleine Zettelchen. Anschließend mische sie, hefte sie mit einer Büroklammer zusammen und lege dieses Kärtchenset in einer Kartei- oder Zettelbox ab.

Zum Beispiel:

Einige Zeit später greifst du das Kärtchenset heraus, breitest die Zettel vor dir auf dem Schreibtisch aus und versuchst nun, den Satz wieder richtig zusammenzubauen.

Dabei gehen dir die möglichen Lösungen immer wieder durch den Kopf – und spielend wiederholst du, was du doch so gern behalten möchtest.

(it's no use crying over spilt milk)

Das farbenfrohe Wörterbuch

64

Nutze den Textmarker als Vokabeltrainer: Vokabeln, die du im Wörterbuch nachschlägst und gerne behalten möchtest, markierst du im Wörterbuch mit dem Textmarker. So bekommt es mehr Farbe, und mit der Zeit entsteht dein persönliches Dictionary.

Wenn du beim Nachschlagen eines Wortes auf einer Seite »landest«, auf der schon etwas markiert ist, wiederholst du auch noch das bereits markierte Wort ganz nebenbei.

List of irregular verbs

Red Line Band	Infinitiv Infinitive	Präteritum Preterite (Past Tense)	Partizip Perfe[kt] Past Participle
1	be (am/are/is)	was (were)	been
2	(beat	beat	beaten
2	become	became	become
2	begin	began	begun
2	bet	bet	bet
4	bite	bit	bitten
3	blow	blew	blown
1	break	broke	broken
1	bring	brought	brought
3	build	built	built
3	burn	burnt	burnt
2	burst	burst	burst
1	buy	bought	bought
2	catch	caught	caught
3	choose	chose	chosen
1	come	came	come
1	cost	cost	cost
1	cut	cut	cut
1	do	did	done
2	draw	drew	drawn
1	dream	dreamed, dreamt	dreamed, [illegible]
1	drink	drank	drunk
1	drive	drove	driven
1	eat	ate	eaten
1	fall	fell	fallen
2	feed	fed	fed
1	feel	felt	felt
4	fight	fought	fought
1	find	found	found
1		flew	flown
		forgot	forgotten
			frozen
			got
			given

65

Intervalltraining für Vokabeln

Ganz gleich, nach welcher Methode du Vokabeln gelernt hast, wichtig ist der richtige Zeitpunkt für die Kontrolle. Und die setzt du höchstwahrscheinlich viel zu früh ein.

Der Lernstoff muß sich nämlich erst mal setzen können, d.h. du solltest Vokabeln nicht unmittelbar nach dem Lernen abfragen, sondern die Lernzeit als »Setzzeit dransetzen«:

15 Minuten lernen – 15 Minuten setzen lassen – dann erst kontrollieren.

Wer's nicht glaubt, sollte es testen. »Wer behalten will, muß loslassen können ...«

Sogar Vergessen will gelernt sein

66

Bei vielem, um das du verkrampft oder verbissen kämpfst, erreichst du genau das Gegenteil. Deshalb probier doch mal, ein paar Vokabeln »krampfhaft« zu vergessen. Du suchst dir dazu drei Vokabeln aus und schreibst sie auf einen Schmierzettel. Lies sie dir anschließend ein paar Mal intensiv durch und nimm dir vor, sie nicht behalten zu wollen. Dann zerreißt du den Schmierzettel – und läßt dich überraschen, ob und wie diese verrückte Methode funktioniert.

67

Kreative bauen Eselsbrücken

Wenn etwas lustig oder komisch ist, behältst du es allein dadurch besser, daß es merkwürdig ist. Baue dir für Matheformeln ein paar Eselsbrücken als Gedichte. Das dürfen durchaus holprige Verse sein, Hauptsache, es reimt sich.

Zum Beispiel:

$V = \frac{4}{3} \pi \cdot r^3$

So wird der Rauminhalt (»der Innenraum«) einer Kugel berechnet. Daraus könntest du folgendes Gedicht machen:

Innen hat die Kugel, eijeijei
Vier Drittel pi mal r hoch drei.

Oder aus der Formel für die Oberfläche der Kugel, den »Buckel«:

$O = 4 \pi \cdot r^2$, wird:

Was die Kugel auf dem Buggel hat,
ist vier mal pi mal r Quadrat.

Nutze deine dichterische Freiheit.

68

Sicherheitstraining für alle (Rechtschreib-)Fälle

Für Leute, die etwas immer wieder erwarten, könnte es mal wider Erwarten anders kommen...

Wenn etwas zum Verwechseln ähnlich ist, hast du große Mühe, diese Dinge wie Formeln oder Wörter auseinanderzuhalten. Wenn du spürst, daß du beim Lernen mit einer Verwechslungsgefahr zu tun hast, nimm erst nur den einen Teil, das eine Wort von den beiden ähnlichen. Trainiere nur mit diesem einen und laß das andere völlig unbeachtet.

Erst wenn du ganz sicher bist, wann und wo du »wieder« mit »ie« schreibst, knöpfst du dir das Wörtchen »wider« vor. Hier ein paar Trainingsbeispiele:

morgen Vormittag
morgens/vormittags
am Abend/abends
endgültig entscheiden

Aber am besten nimmst du Beispiele, über die du schon gestolpert bist (oder immer wieder stolperst).

69 Letzte Rettung bei Gedächtnisschwäche

Eine Formel, die dir so besch...euert vorkommt, daß du sie einfach nicht behalten kannst, schreib mal energisch auf ein ganz besondres Blatt...

Sein Gedächtnis neu entdecken

70

Durch diesen Mini-Test kannst du herausfinden, daß dein Gedächtnis vermutlich besser funktioniert, als du selber denkst.

Nimm einen Notizzettel und schreibe zu jedem Wortpaar ein anderes Wort auf, das dir dazu gerade einfällt. Du sollst nicht lange nachdenken, sondern einfach das erstbeste Wort notieren.

Lärm und Stille
Lust und Laune
Mut und Risiko
Recht und Freiheit
Glück und Erfolg

schnell und langsam
faul und fleißig
leicht und schwer
richtig und falsch
stolz und bescheiden

hören und sehen
öffnen und schließen
behalten und vergessen
fragen und erklären
ordnen und planen

Nach fünf bis zehn Minuten liest du deine Wörter auf dem Notizzettel und schreibst alle Wortpaare auf, an die du dich erinnern kannst. Bekommst du mehr als die Hälfte zusammen? Dann nutze diesen positiven Effekt künftig stärker bei deinen Notizen.

71

Skizzen als Textaufgabenknacker

Ähnlich wie bei Tip 70 wirst du bei dieser Übung feststellen, daß du mehr kannst, als du meinst.

Nimm (wieder) einen Notizzettel und zeichne zu jedem Wortpaar eine grobe Skizze. Du sollst nicht lange nachdenken, was du da malen könntest, es muß auch keine schöne Zeichnung werden. Es genügt schon einfach eine Kritzelei.

Feuer und Wasser
Fels und Stein
Kummer und Sorgen
Himmel und Hölle
Traum und Wirklichkeit

hoch und tief
schön und häßlich
schief und gerade
sauber und schmutzig
bunt und farblos

schmecken und riechen
lachen und weinen
essen und trinken
loben und schimpfen
denken und überlegen

Nach fünf bis zehn Minuten schaust du deine Kritzeleien auf dem Notizzettel wieder an und schreibst alle Wortpaare auf, an die du dich jetzt erinnern kannst. Bekommst du mehr als die Hälfte zusammen? Dann nutze diese Fähigkeit – zum Beispiel für Skizzen bei Textaufgaben.

72

Mit der Checkliste auf Nummer Sicher

Flugzeugmechaniker und Piloten checken vor dem Start ihre Maschine noch einmal »auf Herz und Nieren« durch. In einer Checkliste haken sie alles ab, was okay ist.

Überall, wo es um Sicherheit geht, sind Checklisten eine feine Sache. Willst du das für die nächste Arbeit testen? So könnte zum Beispiel eine Checkliste aussehen:

Englisch-Diktat – wiederholen und merken:

❑ Alle Wörter in der Überschrift groß schreiben.

❑ Das Datum des Tages aufschreiben und behalten.

❑ Beim ersten Vorlesen nichts schreiben, sondern auf den Sinn des Ganzen achten.

❑ Nie durchschreiben, sondern falsches Wort wegstreichen und das neue Wort lesbar darüberschreiben.

❑ Zeit der Endkontrolle voll ausnutzen! Fehlen Buchstaben oder Wörter?

Mit einer ganz persönlichen Checkliste gehst du auf Nummer Sicher. Du wirst sehen, das beruhigt ungemein.

73

Mit dem Hausheft Punkte sammeln

Zum Wiederholen und beim Vorbereiten von Klassenarbeiten ist ein sauber und übersichtlich geführtes Heft unentbehrlich. Hier eine Checkliste für eine gute Heftführung:

- ❑ Auf der linken oder rechten Seite des Blattes einen breiten Rand für Bemerkungen frei lassen.
- ❑ Titel und Untertitel übersichtlich aufführen.
- ❑ Neuer Gedanke = neuer Absatz
- ❑ Aufzählungen durch Einrücken klar machen.
- ❑ Schrift nicht zu klein und nicht zu groß, vor allem aber lesbar!
- ❑ Skizzen und Zeichnungen lieber zu groß als zu klein.
- ❑ ....
- ❑ ....

Eine solche Liste kannst du nach eigenen Schwerpunkten ergänzen. Du wirst sehen, wie du dadurch Punkte sammeln kannst.

74

Wie Notizen nützen

- ❑ Notizblätter müssen auch später noch lesbar sein.
- ❑ Nie ganze Sätze notieren – einzelne Stichwörter genügen.
- ❑ Notizblätter nur auf einer Seite beschriften. Breiten Rand frei lassen für spätere Ergänzungen.
- ❑ Alle Blätter mit Datum und Überschrift versehen. (So findest du sie schneller und weißt sofort, um was es geht.)
- ❑ Mit eigenen Worten notieren (Vgl. Lerntip 70!).

Denke daran: Eigene Notizen sind meist auch eine gute Grundlage für die Prüfungsvorbereitung.

75

Notizen als Mind map

Notizen können auch als eine Art »geistige Landkarte«, ein sogenanntes Mind map, entstehen. Die Gedanken von Tip 74 könnten dann so auf dem Papier stehen:

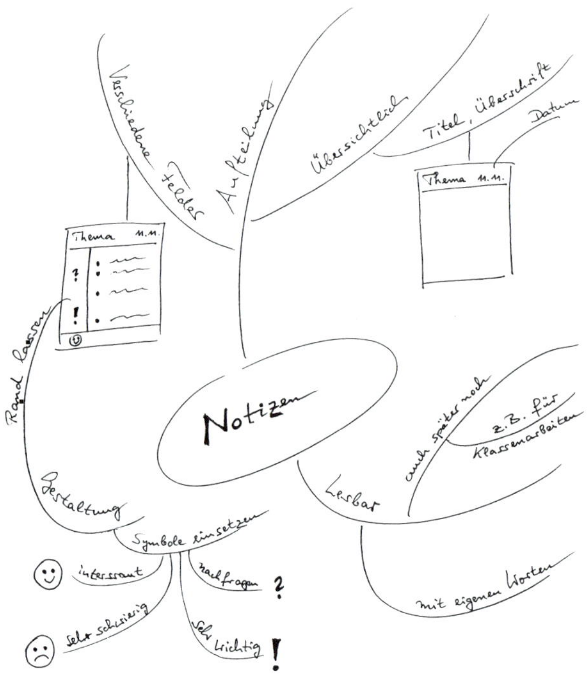

Suchst du dir einen Lerntip aus, den du trainingshalber in ein Mind map verwandelst? Vielleicht findest du dann noch für ganz andere Notizen Gefallen an dieser Notiztechnik.

Spickzettel-Training als Klassenarbeitsvorbereitung

76 Mut zur Lücke

Für dieses Experiment benötigst du acht bis zehn Klebepunkte, etwa so groß wie dein Daumennagel. Diese klebst du willkürlich verteilt in einen Artikel einer Zeitschrift oder auf die Fotokopie einer Seite aus einem Schulbuch.

Anschließend liest du den Text und versuchst, ihn trotz der Klebepunkte-Lücken zu verstehen. Du wirst mehr verstehen, als du vermutest.

Nach dieser Erfahrung bist du vielleicht etwas gelassener, wenn du zum Beispiel beim Zuhören eines fremdsprachigen Textes nicht jedes Wort sofort verstehst. Nicht jedes Wort ist unbedingt wichtig. Überblick gewinnt nur, wer sich nicht im Detail verzettelt.

77 Die 10%-Methode

Als Vorbereitung auf eine Erdkunde- oder Geschichtsarbeit fotokopierst du eine Seite aus dem Schulbuch und unterstreichst die wichtigsten Stellen. Du darfst aber nicht mehr als 10% des Gesamttextes unterstreichen.

Wenn du den Text komplett gelesen und ungefähr 10% davon unterstrichen hast, schneidest du die unterstrichenen Stellen aus und legst oder klebst sie in der richtigen Reihenfolge untereinander.

Zum Schluß versuchst du den ganzen Text nur an Hand der ausgeschnittenen Schnipsel zu verstehen. So trainierst du wunderbar den Blick für das Wesentliche.

Vom Plakatformat zum Spickzettel

78

Besorge dir ein Riesenblatt Papier, zum Beispiel ein altes Plakat oder ein Stück einer Tapetenrolle. Mit dicken Filzstiften malst du hierauf die Notizen eines Spickzettels für die nächste Klassenarbeit.

Am nächsten Tag wiederholst du diesen Stoff und notierst die einzelnen Stichpunkte auf ein DIN-A4-Blatt.

Am dritten Tag wird das Format nochmals deutlich kleiner – und am Tag der Arbeit versteckst du deinen Mini-Spickzettel an einer ganz privaten Stelle. (Vgl. Tip 79)

79 Der erlaubte Spickzettel

Ein guter Spickzettel gehört zur besten Vorbereitung einer Klassenarbeit.

Wenn du dir (wie z.B. in Tip 78) einen wirklich guten Spickzettel gemacht hast, solltest du ihn auch in die Schule mitnehmen. Um aber nicht in Versuchung zu kommen, ihn dort verbotenerweise zu benutzen, versteckst du ihn am besten. Zum Beispiel im Socken, unter die Fußsohle (d.h. nicht unter die Schuhsohle).

Du wirst sehen, daß du ihn von dort wunderbar abrufen kannst, du kannst ihn sozusagen vor deinem geistigen Auge »lesen«.

Am besten probierst du diese Gedächtnisübung vorher mal zu Hause aus.

Etiketten-Schwindel

80

Klebeetiketten sind als Spickzettel nur bedingt geeignet …

81

Wisch und weg

Schreib dir vor der nächsten Klassenarbeit zu Hause ein paar Stichpunkte mit wasserlöslichem Filzstift auf ein Lineal oder einen Gegenstand aus Plastik. Schau dir das Ergebnis etwas später nochmals »heimlich« an, nimm etwas Spucke und wisch es blitzschnell weg.

Trainiere mit diesem Spezialspicker so, als säßest du damit in der Klassenarbeit und wärest in Gefahr, im nächsten Augenblick erwischt zu werden. (Das wirkungsvolle »Blitz-Training« soll dich aber nicht dazu verführen, diese riskante »Wisch-und-weg-Methode« dann wirklich in der Schule einzusetzen.)

82

Nicht verboten, aber stressig

Wenn du mit einer bestimmten Vokabel oder Formel auf Kriegsfuß stehst, schau sie dir kurz vor der Arbeit nochmals an. Gleich zu Beginn der Arbeit schreibst du sie dann auswendig auf einen Schmierzettel.

Wirst du hierbei »erwischt«, mußt du nur noch beweisen, daß du diesen Spicker erst während der Arbeit erstellt hast.

Die Infobörse 83

Besorge dir Klassenarbeiten und Prüfungsfragen älterer Jahrgänge. So manche Arbeit taucht regelmäßig immer wieder auf. (Wenn in deinem Falle jedoch nicht, hast du trotzdem genau den richtigen Stoff zum Üben.)

Spickzettel-Training für die nächste Stunde 84

Hast du »Muffensausen«, wenn dich der Lehrer nach vorne an die Tafel holt? Daß du abgefragt wirst, ist ja schon Streß genug. Jetzt kommt der »blöde Platz« vor der Tafel noch hinzu.

Solchen Situationen bist du aber nicht hilflos ausgeliefert. Du kannst dich darauf vorbereiten. Wenn du über deinen Notenstand im Bilde bist, kannst du besser einschätzen, ob es dich bei der nächsten Abfrageaktion treffen kann. Deshalb erkundige dich bei Gelegenheit einmal bei deiner Lehrerin oder deinem Lehrer nach deinen mündlichen Noten. Wahrscheinlich kannst du aus der Antwort nützliche Hinweise heraushören.

Wie wär's als nächstes mit einem Spickzettel fürs Mündliche? Das wäre erstens eine gute Vorbereitung auf eine mögliche Abfragerunde und zweitens eine gefahrlose Lernhilfe. Bevor du aufgerufen wirst, könntest du deinen Spickzettel offen auf deiner Bank liegen lassen.

85

Faustregel für die Klassenarbeit

Zähle dir an deinen fünf Fingern auf, wie du die nächste Arbeit anpacken willst:

Daumen

Ich sage mir auf dem Weg zur Arbeit, daß ich mich gut vorbereitet habe.

Zeigefinger

Ich gehe Leuten aus dem Weg, die mich mit ihren Hinweisen nur nervös machen.

Mittelfinger

Ich denke während der Arbeit an kleine Päuschen, lege den Stift ab und zu hin und atme tief durch.

Ringfinger

Kann ich eine Frage nicht beantworten, gehe ich zur nächsten.

Kleiner Finger

Ich weiß, daß ich nicht alles weiß. Ich weiß aber auch, daß ich einiges weiß. Daß nur das drankommt, was ich überhaupt nicht weiß, ist ziemlich ausgeschlossen.

Anziehender Insider-Tip

86

Vor einer wichtigen Arbeit ziehen Insider unbedingt ihre Lieblingsklamotten an.

Ideen für ein gutes Lernklima

87 Streß laß nach

Laß dich nicht auspressen wie eine Zitrone. Vergiß in Streßsituationen deinen Körper nicht: Gesunde Ernährung, genügend Schlaf, frische Luft und ein bißchen Bewegung.

Lernfreunde gesucht 88

Wenn du in einem Fach nicht klarkommst, suche den Kontakt zu Klassenkameraden, die gerade dieses Fach besonders mögen. Was findet deine Freundin oder dein Freund so positiv an diesem Fach?

Das ist ein Lerntip wie aus dem Poesiealbum:

Wolken
verfärben sich bunt,
wenn sie die Sonne widerspiegeln,
und der Bergbach wird zum Wasserfall,
wenn er von einer Felswand stürzt.
Man verändert sich durch das,
womit man Umgang pflegt.
Deshalb wird auch die Freundschaft
so hoch geschätzt.

Zhang Chao

Lerntips-Tauschbörse 89

Tausche Lerntips mit Freunden aus. Frage sie, wie sie an bestimmte Aufgaben herangehen, wie sie dieses oder jenes lernen. Laß dich davon anregen, selbst mal etwas Neues auszuprobieren.

Kannst du dir auch vorstellen, daß eine Lehrerin oder ein Lehrer bereit wäre, einmal das Klassenzimmer zu einem »Marktplatz für Lerntips« zu machen, wo die ganze Klasse Lerntips tauscht? Gib die Idee doch mal versuchshalber weiter.

90 Lerntraining per Telefon

Suche und nutze möglichst viele Gelegenheiten, frei zu reden und mit anderen ins Gespräch zu kommen. Gerade, wenn es dir schwerfallen sollte, ist es besonders wichtig. Es gibt kein besseres Mittel gegen Sprechhemmungen, als jede passende Gelegenheit zum Vorlesen, Vortragen, Fragen und Diskutieren am Schopfe zu packen.

Ruf doch mal einen Klassenkameraden an, mit dem du sonst selten oder gar nicht sprichst. Frage ihn nach der Lösung einer bestimmten Hausaufgabe. Oder frage in einer Druckerei nach kostenlosem Restpapier. Wenn du dein Anliegen freundlich vorträgst, könntest du so an kostenloses Notizpapier oder Pappstreifen für Karteikärtchen kommen.

Oder rufe eine Fahrplanauskunft an und laß dir eine komplizierte Verbindung durchgeben. Stelle ruhig Rückfragen nach einer günstigeren Verbindung. Telefoniere dich nur tapfer durch – und du gewinnst an Sicherheit.

91 Aktion Nußknacker

Zieh in der Klasse eine »Aktion Nußknacker« als »Nachhilfe-Service« auf. Vielleicht bietet ihr eure Dienste dann in einer unteren Klasse an. Wer Nachhilfeunterricht erteilt, lernt in diesem Fach auch für sich selbst 'ne ganze Menge – und bessert obendrein sein Taschengeld auf.

Klassenzimmer neu gestalten 92

Bring Farbe in die Bude, statt nur Poster aufzuhängen, malt doch eine ganze Wand an. Natürlich sollte erst mal ein Entwurf vorgelegt werden, über den ihr in der Klasse abstimmt.

Weniger spektakulär ist die Idee mit Pflanzen. Sie bringen Leben ins Klassenzimmer und verwandeln schlechte Luft in gute. Trag dazu bei, daß sich das Lernklima in eurer Klasse verbessert.

Klassenfete organisieren 93

Schon eine kleine gemeinsame Aktion kann zu einer Klassenfete werden. Du versuchst zum Beispiel, einen Besuchstermin beim Lokalradio zu bekommen oder bemühst dich für einen gemeinsamen Kinobesuch eine Gruppenermäßigung auszuhandeln. Oder du organisierst einen Flohmarkt, um die Klassenkasse für den nächsten Ausflug aufzubessern. Oder ihr macht in einer sechsten Stunde aus eurem Klassenzimmer ein Bistro: Alle bringen etwas zum Essen und Trinken mit, ihr baut daraus ein Kaltes Buffet, deckt die Schultische und geht von der Schule satt nach Hause...

In einer fröhlichen Gemeinschaft macht auch das Lernen mehr Spaß!

94

Wenn Lehrer nerven

Schreib mal auf, was dich in der Schule nervt. Was stört dich? Wann? Warum? Was hätte der Lehrer anders machen sollen? Du wirst sehen, schon beim Notieren läßt die Wut im Bauch nach. Nimm dir vor, mit dem Lehrer zu reden, bitte ihn um einen Gesprächstermin. Deine Lehrerinnen und Lehrer können von deinen Vorstellungen, Fragen und Wünschen nichts wissen, wenn du es ihnen nicht sagst.

Notiere dir vor dem Gespräch ein paar Fragen und mach dir nach dem Gespräch Notizen, was ihr miteinander vereinbart habt.

Ein Gespräch mit einem schwierigen Lehrer klärt sehr oft Mißverständnisse auf und hilft meistens beiden Seiten. Mach es dir zur Faustregel: Mit dem Lehrer reden, nicht über ihn. Lästern hintenrum bringt nichts.

Lehrer als Lernberater 95

Suche dir einen Lehrer als persönlichen Lernberater. Bitte ihn um Rat und betone dabei, daß es dir nicht nur um die Note geht. Sage überzeugt, daß du Hilfe brauchst, um dich verbessern zu können.

Ein Brief kann Wunder wirken 96

Vielen Menschen fällt das Schreiben leichter als das Reden, vor allem wenn es um Probleme geht. Eine Lehrerin oder einen Lehrer per Brief um einen Termin, einen Rat oder um Entschuldigung bitten, kann wahre Wunder wirken. (Besonders, wenn du den Brief nicht einfach nur abgibst, sondern ihn per Post schickst.)

97

Musterschüler mit Heiligenschein

Eine gute Schülerin, ein guter Schüler

- meldet sich häufig und sammelt Pluspunkte durch mündliche Mitarbeit;
- kann Enttäuschungen gut wegstecken;
- vertritt seine Meinung, auch wenn er damit alleine in der Klasse steht;
- übernimmt Aufgaben in der Klasse;
- kann seinen Mitschülern ruhig zuhören und fällt ihnen nicht ins Wort;
- lacht seine Mitschüler nicht aus;
- kann Fehler zugeben und Kritik vertragen;
- hat keine panische Angst vor einer Blamage;
- schiebt bei Mißerfolg die Schuld nicht sofort auf andere;
- spielt hin und wieder auch mal einen Streich – und steht dazu, wenn's rauskommt ...;

Wieviel von diesen Eigenschaften kannst du für dich in Anspruch nehmen? Tu was für deine Imagepflege!

98

Wer lacht, lernt leichter

Lachen ist gesund, mit lachendem Gesicht geht vieles leichter. Unterricht bei humorvollen Lehrern macht mehr Spaß, du paßt besser bei ihnen auf und behältst auch mehr. Das gilt auch beim Lernen für dich selbst. Sei kein Motzkopp oder Miesepampel. Wer immer was zu meckern hat, macht sich die Arbeit nur noch schwerer. Spiel nicht gleich bei jeder Kleinigkeit die beleidigte Leberwurst. Wer Humor hat und Spaß verträgt, ist viel beliebter.

Könntest du etwas mehr für deine Fröhlichkeit tun? Ist dein Arbeitsplatz hell und freundlich? Unterstreichst und markierst du mit fröhlichen Farben? Welche Sachen ziehst du am liebsten an? Bist du ein »arroganter Pinkel« oder ein »Ritter von der traurigen Gestalt«? Du wirst lachen, auch solche Sachen wirken sich auf dein Lernen aus.

Schreibe dir mal was Aufmunterndes (mit Bleistift) ins Buch oder ins Hausaufgabenheft. Suche witzige Sprüche; es darf ruhig auch mal ein richtig blöder dabei sein. Hauptsache, du kannst darüber lachen.

Echter Humor ist aber mehr als nur Witzemachen. Humor ist eine durchaus ernste Angelegenheit, um die man sich bemühen muß. Kannst du mit diesem Spruch von Don Bosco etwas anfangen?:

Fröhlich sein,
Gutes tun
und die Spatzen pfeifen lassen!

(Dann wäre es doch gelacht, wenn du in der Schule nichts zu lachen hättest...)

99

Die Wäscheleine-Methode

Lerntips sind wie Wäscheklammern. Sie halten den Lernstoff fest. Du mußt sie nur gut verteilen. Ein schwerer Lernstoff braucht entsprechend viele Klammern. Willst du wichtigen Stoff gut behalten, darfst du dich nicht mit einer einzigen Klammer-(Methode) begnügen.

Diesen »allerletzten« Tip darfst du zum Abschluß sogar wörtlich nehmen: Häng ein Stück von deinem Lernstoff (z.B. Einzelteile eines großen Spickzettels) doch tatsächlich an die Leine...

Auswertungsbogen der Lerntips

Trage hier die Bewertung der Lerntips ein. ✎

1	Wirf den Ärger in die Ecke	☐
2	Sich den Frust von der Seele schreiben	☐
3	Ein Blick durch die eigene »Lernbrille«	☐
4	Spaß am Lernen – Was ist das?	☐
5	Erinnerst du dich noch an dich?	☐
6	Sag dir, wo die Stärken sind…	☐
7	Jeder Vergleich hinkt.	☐
8	Probleme offen klären	☐
9	Das richtige Knackwerkzeug	☐
10	Punkte, Noten und Zensuren	☐
11	Selbstgemachte Erfolgsaussichten	☐
12	Wer begeistert ist, hat was im Köpfchen	☐
13	Selbstbewußtsein ist gesund	☐
14	Sich gezielte Ziele setzen	☐
15	Der Lernvertrag	☐
16	Mit Vorstellungskraft das Lernziel erreichen	☐
17	Kenner und Könner haben Geschmack	☐
18	Wo sich das Nachahmen lohnt	☐
19	Vom Motto zur Motivation	☐
20	Ein paar Gedanken zur Einstimmung	☐
21	Eine Runde »Motzivation«: Hausaufgaben-beschimpfung	☐

22	Siegertypen mögen Knackiges
23	… und achten auf ihre Körperhaltung
24	Die Stop-Methode
25	… oder Träumen
26	Genießer können abschalten
27	… oder durchhalten
28	Die 120-Sekunden-Übung
29	Konzentrationsübung: Mit Kopf und Hand
30	… und sanftem Druck
31	Voll bei der Sache
32	Hörtraining: Gespitzte Ohren
33	Sehübung: Ungewohnte Perspektiven
34	Entscheidungstraining: Bei einer Sache bleiben
35	Prioritäten setzen: Was ist wirklich wichtig?
36	Keine Energie verschwenden
37	Zeitprobleme lösen
38	Nimm dir Zeit
39	Zeitreserven schaffen
40	Zeit sparen
41	Zeitgefühl trainieren
42	Zur Arbeitszeit gehören Pausen
43	Pause mit Methode
44	Das Punktesystem für die Hausaufgaben
45	Der Hausaufgabenplaner
46	Freie Wahl des Arbeitsplatzes
47	Die passende Lernumgebung

48 Die Lernrallye als Merksystem
49 Ein Aufsatz per Diktiergerät
50 Rhythmus als Lernhilfe
51 Training mit Tafel und Kreide
52 Sprechübung für den Unterricht
53 Ein altes Sprechergeheimnis
54 Lernfort<u>schritte</u> machen
55 Fragen über Fragen
56 Wie Profis mit dummen Fragen umgehen
57 Wer fragt, gewinnt
58 Gardinenpredigt für Grammatik-Muffel
59 Typische Lehrerfragen
60 Lesen und Hören im Vergleichstest
61 Schwierige Vokabeln verschwinden lassen
62 Computer-Software als Lernhilfe
63 Merksätze als Kartenspiel
64 Das farbenfrohe Wörterbuch
65 Intervalltraining für Vokabeln
66 Sogar Vergessen will gelernt sein
67 Kreative bauen Eselsbrücken
68 Sicherheitstraining für alle (Rechtschreib-)Fälle
69 Letzte Rettung bei Gedächtnisschwäche
70 Sein Gedächtnis neu entdecken
71 Skizzen als Textaufgabenknacker
72 Mit der Checkliste auf Nummer Sicher
73 Mit dem Hausheft Punkte sammeln

- 74 Wie Notizen nützen ☐
- 75 Notizen als Mind map ☐
- 76 Mut zur Lücke ☐
- 77 Die 10%-Methode ☐
- 78 Vom Plakatformat zum Spickzettel ☐
- 79 Der erlaubte Spickzettel ☐
- 80 Etiketten-Schwindel ☐
- 81 Wisch und weg ☐
- 82 Nicht verboten, aber stressig ☐
- 83 Die Infobörse ☐
- 84 Spickzettel-Training für die nächste Stunde ☐
- 85 Faustregel für die Klassenarbeit ☐
- 86 Anziehender Insider-Tip ☐
- 87 Streß laß nach ☐
- 88 Lernfreunde gesucht ☐
- 89 Lerntips-Tauschbörse ☐
- 90 Lerntraining per Telefon ☐
- 91 Aktion Nußknacker ☐
- 92 Klassenzimmer neu gestalten ☐
- 93 Klassenfete organisieren ☐
- 94 Wenn Lehrer nerven ☐
- 95 Lehrer als Lernberater ☐
- 96 Ein Brief kann Wunder wirken ☐
- 97 Musterschüler mit Heiligenschein ☐
- 98 Wer lacht, lernt leichter ☐
- 99 Die Wäscheleine-Methode ☐

BELTZ Lern-Trainer

Sprachhürden gut genommen

Der Lern-Trainer vermittelt durch Übungen und Beispiele sichere Grundlagen der französischen Sprache – damit der Spaß erhalten bleibt! Aus dem Inhalt: Verben im Präsens • Das Substantiv und seine Begleiter • Reise in die Vergangenheit • Verkürzungen von Verbergänzungen.

Elisabeth Bonneau
Französisch
Grammatik gut im Griff
1./2. Lernjahr.
119 Seiten
ISBN 3-407-38027-5

Schüler/-innen können hier ihre Kenntnisse der französischen Grundgrammatik konsolidieren und erweitern – denn nur auf einem guten Fundament kann aufgebaut werden. Aus dem Inhalt: Futur • Konditional • Relativsatz • Zusammengesetzte Zeiten • Steigerung von Adjektiv und Adverb • Indirekte Rede • Konjunktiv.

Elisabeth Bonneau
Französisch
Grammatikhürden gut genommen
2./3. Lernjahr.
116 Seiten
ISBN 3-407-38013-5

Ohne das Passiv geht es auch im Französischen nicht. Dieser unterhaltsame Lern-Trainer will helfen, das Passiv in den Griff zu bekommen und das Leseverständnis besser zu entwickeln. Dabei geht es in kleinen Schritten vom Einfachen zum Komplexen. Übungen helfen, den aktuellen Wissensstand zu überprüfen.

Dieter Klaas
Französisch
Das Passiv
3./4. Lernjahr.
82 Seiten
ISBN 3-407-38014-3

Mit dem Einstieg in die lateinische Original-Lektüre, meist der »Cäsar«, beginnt für viele Schüler/-innen ein Problem. Diese Einführung für das Selbststudium bietet ausführliche Erläuterungen für alle Problemfelder, Übersetzungsschlüssel und Lernhilfen.

Karl Overbeck
Latein
Einführung in die Lektüre: Übersetzungstechnik
3./4. Lernjahr.
92 Seiten
ISBN 3-407-38002-X

Bitte fordern Sie kostenlos und unverbindlich Ihr Infomaterial mit nebenstehender Bestellkarte an.

Senden Sie mir kostenlos und unverbindlich

(Bitte ankreuzen)

❑ Informationsmaterial über weitere Lern-Trainer

❑ Das Programmheft vom STUDIENHAUS ST. BLASIEN mit Lerntechnikseminaren und Ferienkursen für Schülerinnen und Schüler

---

Schulart

❑ Grund- und Hauptschule

❑ Realschule/Gymnasium

Altersgruppe

❑ 6–10 Jahre

❑ 11–14 Jahre

❑ 15–18 Jahre

Bitte tragen Sie ihren Namen mit Anschrift auf der Rückseite ein.

Senden Sie mir kostenlos und unverbindlich

(Bitte ankreuzen)

❑ Informationsmaterial über weitere Lern-Trainer

❑ Das Programmheft vom STUDIENHAUS ST. BLASIEN mit Lerntechnikseminaren und Ferienkursen für Schülerinnen und Schüler

Schulart

❑ Grund- und Hauptschule

❑ Realschule/Gymnasium

Altersgruppe

❑ 6–10 Jahre

❑ 11–14 Jahre

❑ 15–18 Jahre

Bitte tragen Sie ihren Namen mit Anschrift auf der Rückseite ein.

Sollten die Antwortkarten bereits herausgetrennt worden sein, können Sie selbstverständlich auch schriftlich oder telefonisch bestellen bei:

STUDIENHAUS
ST. BLASIEN
Postfach 1105
79829 St. Blasien

Fax 07672/2246
Tel. 07672/2289

Absender:

Name, Vorname

Straße, Nr.

PLZ, Ort

Lernteam ENDRES

POSTKARTE

Bitte freimachen

An das
Studienhaus St. Blasien
Hans-Thoma-Weg 4

79829 St. Blasien

Absender:

Name, Vorname

Straße, Nr.

PLZ, Ort

Lernteam ENDRES

POSTKARTE

Bitte freimachen

An das
Studienhaus St. Blasien
Hans-Thoma-Weg 4

79829 St. Blasien